Wandernde Semiten

1. WIE DAS VOLK ISRAEL VON SEINEM LAND SPRICHT

Im sonntäglichen Gottesdienst, besonders bei der Taufe, spricht die christliche Gemeinde das apostolische Glaubensbekenntnis. In wenigen Sätzen faßt es zusammen, was die Apostel (Boten, Gesandte) Jesu Christi geglaubt und gepredigt haben. Auch das Volk Israel kennt solche Bekenntnisse. Eines davon finden wir im 5. Buch Mose (= Deuteronomium) 6, 20–23.

1.1 Das Glaubensbekenntnis des Volkes Israel

Arbeitsaufgabe:
Suche den Text auf dem Ausschneideblatt.
Schneide ihn aus und klebe ihn hier ein.

**1.2
Wovon das israelitische Glaubensbekenntnis spricht**

Das israelitische Bekenntnis berichtet von Ereignissen. Schreibe sie in dein Arbeitsheft!

_____
_____
_____
_____

Das Bekenntnis erzählt von dem ...., das Gott den .... des Volkes Israel versprochen hat. Israel betrachtet sein Land als .... seines Gottes. Gott hat das Volk .... Es gab also eine Zeit, in der Israel das Land .... bewohnte. Damals war das Land .... oder — wie es in der Bibel oft genannt wird — das Land .... in der Gewalt ....

Lückenwörter:

Palästina — Land — anderer Völker — hierhergeführt
Vorfahren — Kanaan — noch nicht — Geschenk.

Arbeitsaufgabe:

1. Setze die Lückenwörter an richtiger Stelle ein.
2. Der Anbetungsstein aus einem kanaanäischen Göttertempel zeigt, daß die Völker, auf die Israel bei seiner Einwanderung stieß, einen anderen Glauben hatten. Um was für einen Glauben handelt es sich?

Anbetungsstein

2. PALÄSTINA — DAS LAND ZWISCHEN MEER UND WÜSTE

**2.1
Die Landkarte Palästinas**

Die Karte auf Seite 4 zeigt dir das Land Palästina mit seinen natürlichen Grenzen, seinen Gebirgszügen, seinen Ebenen, seinen Flüssen und den wichtigsten Städten, die die Vorfahren Israels bei ihrer Einwanderung vorfanden.

Arbeitsaufgabe:

Male die Karte auf Seite 4 farbig aus. Hinweise dafür findest du auf Seite 5 des Arbeitsheftes.

**2.2
Die Grenzen**

Im Westen ist das Land begrenzt durch das .... Im Norden reicht es bis zu den Gebirgszügen des .... und des .... Im Osten jenseits des Jordans grenzt das Land an die ...., im Süden geht es allmählich in die .... über.

Lückenwörter:

syrisch-arabische Wüste — Hermon — Mittelmeer — Negevwüste — Libanon

Arbeitsaufgabe:

Setze die Lückenwörter an der richtigen Stelle ein.

Der Libanon (= weiß sein). Es liegt Schnee auf seinen höchsten Erhebungen. Sie erreichen eine Höhe von über 3000 Meter.

So wie hier am Abfall des Gebirges Juda zur Küste des Toten Meeres (vom Massada-Berg aus gesehen) geht auch im Negev (= das Trockenland) bei Beerschewa die Steppe bald in unfruchtbare Wüste über. Weite Flächen und schroffe Bergzüge wechseln miteinander ab.

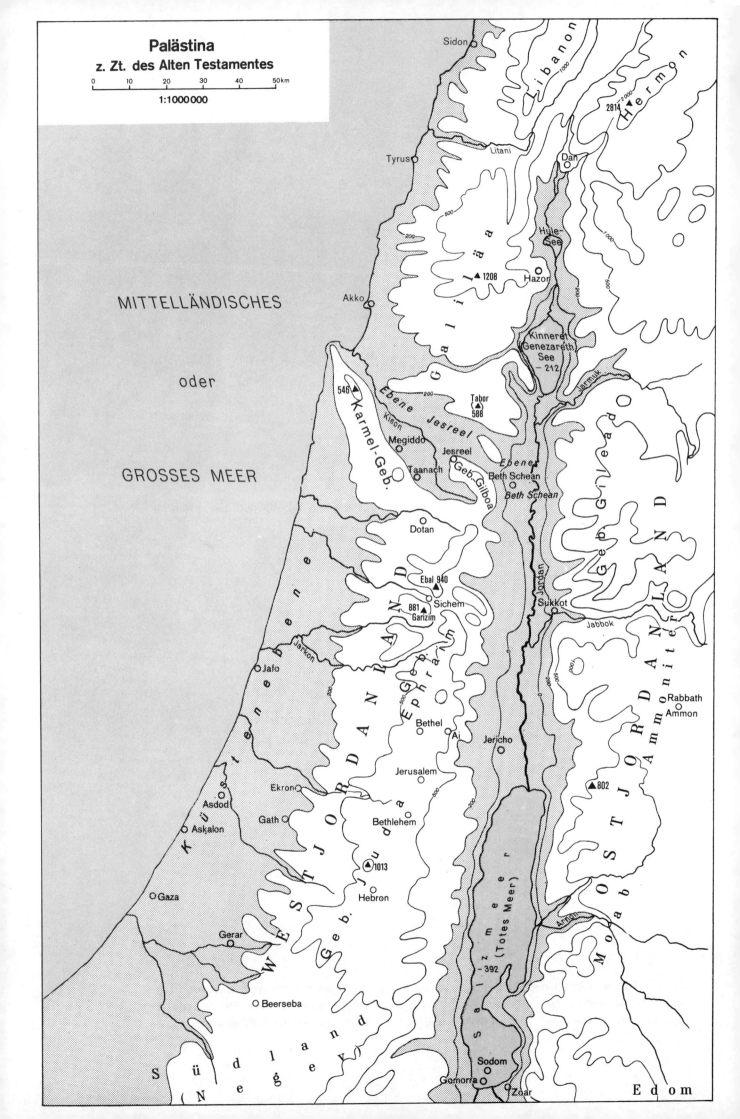

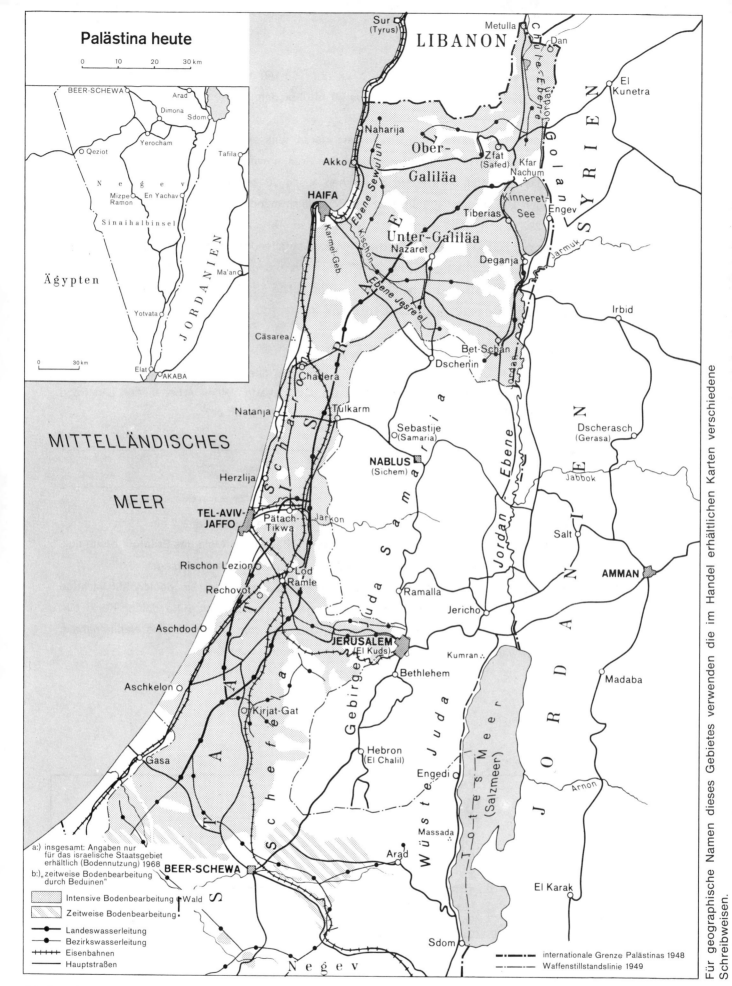

Arbeitsaufgabe:
Schau dir die Karte auf Seite 4 genau an. Laß dir die Höhenlinien von deinem Lehrer zeigen und erklären. Die Städte malst du rot, Meere, Flüsse und Seen malst du blau. Das Land, das sich unter dem Meeresspiegel befindet, wird dunkelgrün ausgemalt. Für alle Gebiete zwischen 0 und 200 m wählst du die hellgrüne Farbe. Hellbraun wird alles Land zwischen 200 und 500 m. Steigt das Land von 500 auf 1000 m an, dann verwendest du die Farbe braun. Die Höhen zwischen 1000 und 2000 m sind dunkelbraun zu malen. Was über 2000 m hoch liegt, das läßt du weiß, denn da liegt ja meistens Schnee.
Natürlich sollst du auch die Karte auf Seite 5 anmalen. Dein Lehrer wird dich sicher dabei beraten.

2.3 Die Flüsse

Der Jordan entspringt im Gebirge .... in 500 m Höhe aus mehreren Quellen. Er durchfließt den ...., der etwa 70 m über dem Meeresspiegel liegt. Auf der kurzen Strecke von nur 16 km bis zum .... hat der Jordan ein Gefälle von fast 300 m. Fische tummeln sich in dem klaren Wasser des Jordan. Zwischen Hule-See und See Genezareth gleicht das Jordantal in den Frühlingsmonaten einem prächtigen Blumengarten. Das Jordantal, dessen Breite zwischen 4 und 20 km schwankt, wird, je weiter man nach Süden kommt, immer unfruchtbarer. Schließlich mündet der Fluß ins .... Es liegt 392 m unter dem Spiegel des Mittelmeeres. Da das Wasser nicht mehr abfließen kann, muß es hier in der Hitze zwischen den steil abfallenden Felswänden des Toten Meeres .... Daher ist sein Gehalt an .... ungewöhnlich hoch (über 25%). Kein Fisch kann dort leben. Der Jordangraben — das tiefste Flußtal der Erde — teilt das Land in zwei Gebiete, in das .... und in das ....

Arbeitsaufgaben:
1. Fülle mit Hilfe der Karte auf Seite 4 die Lücken des obenstehenden Textes aus.
2. Suche die Nebenflüsse des Jordan auf der Palästinakarte deines Arbeitsheftes und trage ihre Namen hier ein. Ein Fluß mündet ins Tote Meer. Wie heißt er?

_____

_____

3. Suche die Bilder auf dem Ausschneidebogen und klebe sie auf Seite 7 ein.
4. Die Skizze stellt einen Längsschnitt durch das Jordantal dar. Male das Erdprofil braun aus, die Seen blau. Schraffiere die Fläche zwischen Erdprofil und Meeresspiegel.
5. Beschrifte die noch offen gebliebenen Linienpfeile in der Skizze. Sie deuten auf wichtige Berge, Seen, Flußmündungen und Städte. Trage ihre Namen mit Hilfe deiner Karte ein.
6. Das Bild vom Jordan ist eine Luftaufnahme. Das Bild vom Arnon ist eine Nahaufnahme. Überlege, warum diese Bilder verschieden aufgenommen wurden.

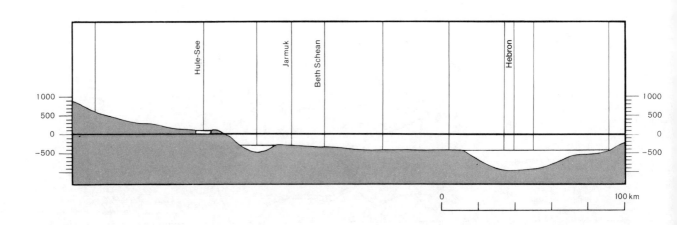

Der Arnon durchschneidet das Hochland östlich des Toten Meeres. Sein Flußbett liegt gelegentlich ◄ 500 m tiefer als die Gebirgsränder.

Luftaufnahme des mittleren Jordanlaufes
▼

Vor langer Zeit war der Jordan ein langgestreckter See. Durch Verdunstung ist er allmählich verschwunden. Die Luftlinie zwischen dem See Genezareth und dem Toten Meer beträgt 105 km. Durch seinen vielfach verschlungenen Lauf legt der Jordan 350 km zurück.

**2.4
Ebenen
und Gebirge**

Die folgenden Bilder zeigen dir die wichtigsten Ebenen des Westjordanlandes.

Arbeitsaufgabe:

Suche die Ebenen auf der Karte. Schneide aus dem Ausschneideblatt die Bilder aus und klebe sie ein.

Die Küstenebene bietet den Bauern gutes Land. Sie wird im Norden vom Karmelgebirge begrenzt.

Ebenso brauchbar für die Landwirtschaft ist die Ebene, die sich auf beiden Seiten des Jordan vom Südende des Sees Genezareth (im Bild) bis südlich von Beth Schean erstreckt.

Die Jesreelebene, im Südosten vom Gebirge Gilboa, nach Norden hin von Galiläa begrenzt, gehört zum fruchtbarsten Teil des Landes.

Die folgenden Bilder zeigen dir die wichtigsten Gebirgszüge des Westjordanlandes.

Arbeitsaufgaben:

1. Bestimme die Höhe und Lage der Gebirgszüge. Du findest die Angaben auf der Karte auf Seite 4.
2. Schneide aus dem Ausschneidebogen die Bilder aus und klebe sie hier ein.

Höhe:_____

Lage:_____

_____

_____

_____

Gebirge Juda mit schroffen Felswänden ▲

Höhe:_____

Lage:_____

_____

_____

_____

Gebirge Ephraim mit Hügelketten und Tälern mit fruchtbaren Feldern ▲   Galiläa ▼

Höhe:_____

Lage:_____

_____

_____

_____

Arbeitsaufgabe:

Vergleiche die Höhen der Gebirgszüge, die du gefunden hast, mit den folgenden Querschnittskizzen. Welche Beobachtungen machst du? Schreibe sie auf.

_____

_____

_____

_____

_____

_____

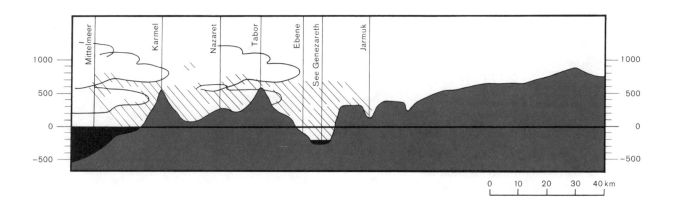

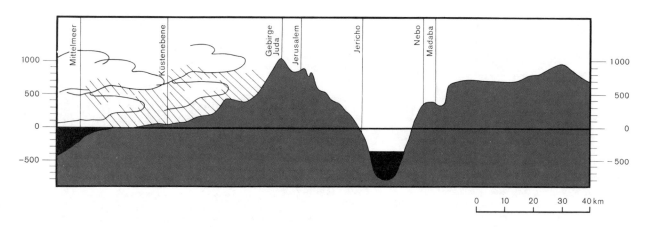

2.5 Das Klima

Im Oktober fällt der ...., im März und April der ....
Bleibt der Regen einmal aus, dann drohen .... und ....
Da das Wasser in den kalkigen Gebirgsgegenden schnell versickert, finden wir oft ....
.... Weideland und .... Gegenden, in denen kein Wasser fließt.

Lückenwörter:

Mißernte – felsige – Frühregen – steppenartiges – Spätregen – Hungersnot.

Arbeitsaufgabe:

Setze die Lückenwörter an der richtigen Stelle ein.

2.6
Tiere des Landes

Sie bedrohen Menschen und Herden und werden im Alten Testament oft genannt

Reittier der Beduinen und der Steppenbewohner

Die wichtigsten Nutztiere

Das gebräuchlichste Reittier

Arbeitsaufgabe:
Schneide die zum Text gehörenden Bilder aus und klebe sie richtig ein. Ein bekanntes Tier fehlt. Es war in Palästina lange Zeit unbekannt. Als es bekannt wurde, fand es ausschließlich im Kriege Verwendung. Welches Tier ist gemeint? ....

2.7 Entfernungen in Palästina

Arbeitsaufgabe:

Miß die Entfernung zwischen den beiden Orten Dan und Beerseba und trage das Ergebnis ein. Rechne sie an Hand des Maßstabes auf Deiner Karte aus.

_____

Miß die Entfernung zwischen Amman im Ostjordanland und der Mittelmeerküste.

_____

Straßenentfernungen (direkter Weg)
von   n a c h (Anzahl der km)

von \ nach	Dan	Nazareth	Tiberias	Jerusalem	Bethlehem	Jericho	Beerseba
Dan (Jordanquelle)	—	94	65	226	235	194	302
Nazareth	94	—	31	130	139	ca. 129	208
Tiberias (See Genezareth)	65	31	—	161	170	ca. 129	237
Jerusalem	226	130	161	—	9	40	88
Bethlehem	235	139	170	9	—	46	79
Jericho	194	ca. 129	ca. 129	40	46	—	128
Beerseba	302	208	237	88	79	128	—

Suche entsprechende Entfernungen in der Nähe Deiner Heimat.

von	nach	Wegstrecke in km	Autofahrzeit in Stunden	Fußweg in Stunden

Das Land Kanaan, das Land zwischen Meer und Wüste, umfaßt die größten Gegensätze, obwohl es nicht größer ist als etwa das Land .... Es kam den Vorfahren Israels, die nur Steppe und Wüste gewohnt waren, vor wie ein Land, „da Milch und Honig fließt".

Arbeitsaufgabe:

Trage ein Dir bekanntes Land in Europa oder im Gebiet Deiner Heimat ein, das ungefähr der Größe des Landes Kanaan entspricht.

Der HERR redete mit Mose und sprach: Sende Männer aus, die das Land Kanaan erkunden!

Aus 4. Mose (=Numeri) 13, 1–28

Als sie nun Mose aussandte, das Land Kanaan zu erkunden, sprach er zu ihnen:

2.8 Wie Israels Vorfahren das Land Kanaan erkundeten

Und nach vierzig Tagen, als sie das Land erkundet hatten, kehrten sie um, gingen hin und kamen zu Mose und Aaron und zu der ganzen Gemeinde der Kinder Israel in die Wüste Paran nach Kadesch und brachten ihnen und der ganzen Gemeinde Kunde, wie es stand, und ließen sie die Früchte des Landes sehen. Und sie erzählten ihnen und sprachen:

Arbeitsaufgabe:

Suche die Texte auf dem Ausschneidebogen und klebe sie in die Kästchen ein.

Zeichen des israelitischen Touristenvereins

3. PALÄSTINA – DAS LAND ZWISCHEN NIL UND EUPHRAT

3.1 Die Landkarte Vorderasiens

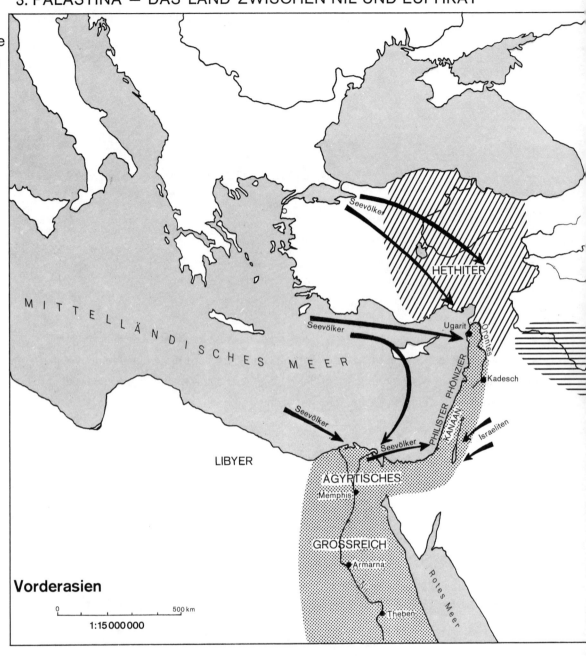

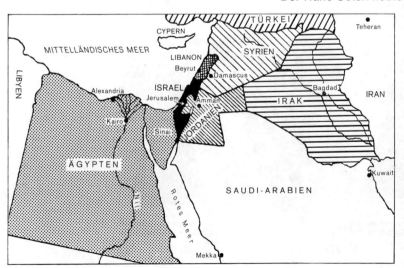

Der Nahe Osten heute ▼

Arbeitsaufgabe:

Male auf der Landkarte Vorderasiens die Gebiete der frühen Reiche farbig an.

Male die verschiedenen Schraffuren in verschiedenen Farben an.

3.2 Kultur und Geschichte

Seit dem dritten Jahrtausend vor Christus bildete Palästina .... zwischen den beiden alten Kulturländern ...., dem Land am Nil, und den Völkern, die das .... beherrschten. Wichtige .... führten durch Palästina. Abwechselnd stand das Land unter dem .... dieser mächtigen Völker. Ausgrabungen zeigen uns, wie sehr es an deren .... Anteil hatte. Schon früh baute man in Palästina .... Ausgrabungen haben ihre Reste zu Tage gefördert. Man packte in ältester Zeit eine doppelte Reihe von Steinen aufeinander, den Zwischenraum füllte man mit .... aus. Das Geröll wurde mit nassem .... festgestampft. So errichtete man Mauern, die die Jahrtausende überdauerten. Wurde eine Stadt durch Hungersnot oder Pest .... oder ging sie durch einen .... in Trümmer, so bauten spätere Geschlechter auf dem alten Schutt eine .... Wiederholte sich dieser Vorgang im Laufe der Jahrhunderte, so schichteten sich an dieser Stelle viele Städte und Dörfer .... Nahm nach einer letzten Verwüstung niemand mehr dort Wohnung, so blieb bald ein grasüberwucherter Hügel zurück, den man als .... bezeichnet.

▲ Der Nahe Osten
im 2. Jahrtausend v. Christus

Lückenwörter:

Geröll – übereinander – Städte – die Brücke – Lehm – Euphratgebiet – entvölkert – Tell – Handelsstraßen – neue Stadt – Kultur – Einfluß – Krieg – Ägypten.

Arbeitsaufgaben:

1. Setze die Lückenwörter an der richtigen Stelle ein.
2. Auf der folgenden Seite sollst du die Bilder einiger berühmter Tells einkleben. Suche sie auf dem Ausschneidebogen.
3. Suche die genannten Städte auf der Karte.
4. Sichem heißt auf deutsch „Nacken". Überlege, was durch diesen Namen angedeutet werden soll.

Tell el-Hösn
Der Tell el-Hösn birgt das biblische Beth Schean, das schon aus dem 4. Jahrtausend vor Chr. stammt.

Tell es-Sultan
Der Tell es-Sultan birgt das alte Jericho, es geht bis ins 10. Jahrtausend vor Chr. zurück, die älteste uns bekannte Siedlung in Palästina.
Das Bild zeigt einen Ausgrabungsschacht mit Treppe.

Sichem
Der Durchgang zwischen den Bergen Ebal und Garizim wurde im Altertum von der Stadt Sichem bewacht. Ihre Reste wurden im Tell Balata gefunden.

Biblisches Arbeitsbuch · Heft 1

Bilder zum Einkleben

Verlag Ernst Kaufmann - Lahr
Vandenhoeck & Ruprecht - Göttingen

Anat ist die Gattin des Baal. Sie war die Göttin des Krieges. Darum wurde sie mit Waffen abgebildet.

Wir sind in das Land gekommen, in das ihr uns sandtet; es fließt wirklich Milch und Honig darin, und dies sind seine Früchte.
Aber stark ist das Volk, das darin wohnt, und die Städte sind befestigt und sehr groß.

Keule und Speer kennzeichnen Baal als den Gott des Gewitters und des Regens, der Wachstum und Gedeihen gibt. Die Hörner auf dem Helm erinnern an den Stier, das Sinnbild der Fruchtbarkeit. Der Speer Baals ist wie ein Blitz geformt.

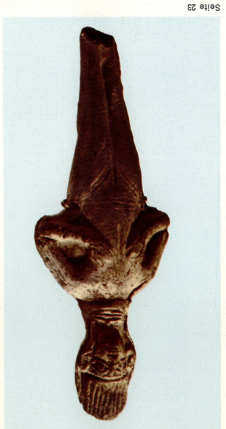

Zieht da hinauf ins Südland und geht auf das Gebirge und seht euch das Land an, wie es ist, und das Volk, das darin wohnt, ob's stark oder schwach, wenig oder viel ist; und was es für ein Land ist, darin sie wohnen, ob's gut oder schlecht ist; und was es für Städte sind, in denen sie wohnen, ob sie in Zeltdörfern oder festen Städten wohnen; und wie der Boden ist, ob fett oder mager und ob Bäume da sind oder nicht.

SEID MUTIG UND BRINGT MIT VON DEN FRÜCHTEN DES LANDES.

Wenn dich nun dein Sohn morgen fragen wird: Was sind das für Vermahnungen, Gebote und Rechte, die euch der Herr, unser Gott, geboten hat?, so sollst du deinem Sohn sagen: Wir waren Knechte des Pharao in Ägypten, und der Herr führte uns aus Ägypten mit mächtiger Hand; und der Herr tat große und furchtbare Zeichen und Wunder an Ägypten und am Pharao und an seinem ganzen Hause vor unsern Augen und führte uns von dort weg, um uns hineinzubringen und uns das Land zu geben, wie er unsern Vätern geschworen hatte.

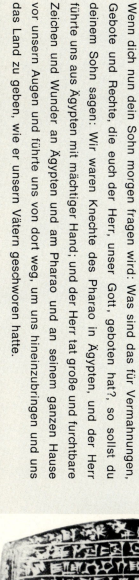

Aschera oder Astarte war ursprünglich die Frau des El, des höchsten Gottes von Ugarit. Im Alten Testament erscheint sie als die Frau Baals. Auch sie ist eine Gottheit der Fruchtbarkeit.

Seite 29

Seite 9 Mitte

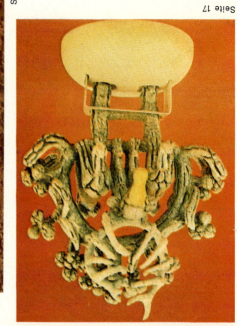
Seite 17

Seite 11

Seite 16

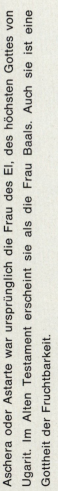
Seite 8

Seite 23

Seite 9 unten

Seite

Seite 19

Seite 26

Seite

Seite

Bevor die Archäologen einen Tell durch Grabungen untersuchen, machen sie eine Probegrabung. Sie wollen feststellen, ob wichtige Schichten deutlich genug in diesem Tell vorhanden sind, so daß sich die hohen Kosten der Ausgrabung lohnen. Hier die Skizze solch einer Probegrabung. Die Schichten sind deutlich zu unterscheiden. Die Zeichnungen am Rande deuten an, daß außer Keramik auch andere Gegenstände für die Bestimmung der Zeitabschnitte bedeutsam sind.

3.3 Ein Tell wird ausgegraben

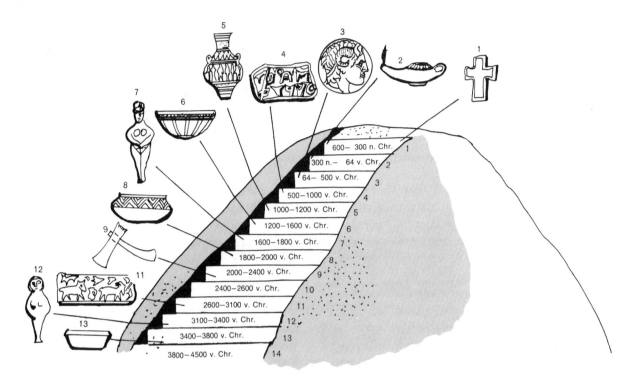

Arbeitsaufgaben:

1. Welche Schicht am Tell (siehe Skizze) fällt in die Zeit der Landnahme? Diese Frage kannst du freilich erst beantworten, wenn du die Seiten 18 und 19 durchgearbeitet hast.
2. Suche auf dem Ausschneidebogen die Abbildungen von ausgegrabenen Gegenständen und klebe sie hier ein.

Hethitische Hirschstandarte
3. Jahrtausend v. Chr.

Sitzender kanaanitischer Gott
1500 v. Chr.

| 3000 | 2900 | 2800 | 2700 | 2600 | 2500 | 2400 | 2300 | 2200 | 2100 |

FRÜHE BRONZEZEIT

Ägypter

3.4 Geschichtsleiste mit wichtigen Ereignissen

Die Geschichtsleiste soll dir einen Überblick verschaffen über die Zeit unmittelbar vor dem Auftreten der Stämme Israels.

Unsere Forscher, die sich mit dem Altertum beschäftigen, bezeichnen die Zeit vom 3. Jahrtausend bis 1200 vor Christi Geburt als *Bronzezeit*. Sie wird abgelöst durch die *Eisenzeit*. In der frühen Bronzezeit wurden in Ägypten die großen Pyramiden gebaut. Damals bestand zwischen Ägypten und Palästina ein reger Verkehr. Ausgrabungen haben gezeigt, daß es schon viele Städte in Palästina gab, die bekanntesten sind Jericho, Megiddo, Beth Schean und die Stadt Ai.

In der ersten Hälfte der mittleren Bronzezeit trat das neuentstandene altbabylonische Weltreich die Vorherrschaft über Palästina an. Bald aber machten die streitbaren Horden der Hyksos auch dieser Herrschaft ein Ende. Sie wanderten vom Norden (Kaukasus) her ein und unterwarfen sich die ganze Bevölkerung von Babylonien bis Ägypten. Ihre Stärke lag in ihrer neuen Bewaffnungstechnik: sie verfügten über das Sichelschwert, den Schuppenpanzer und vor allem über den pferdebespannten Streitwagen.

In Megiddo und Sichem fand man bei Ausgrabungen die Reste breiter Tordurchfahrten, die die Hyksos für ihre Streitwagen gebaut hatten. Diese Tordurchfahrten zeigten oft zwei oder drei Durchgänge und waren durch starke Türme gesichert.

Erst in der späten Bronzezeit gelang es dem Pharao Ahmose (1552—1527 v. Chr.), die Hyksos zu besiegen und deren Herrschaft endgültig zu brechen. Er drang dabei bis nach Südpalästina vor.

An die Stelle der Hyksos-Ritter traten in Palästina unzählige Stadtkönige, die von den ägyptischen Pharaonen abhängig waren. In Amarna (Oberägypten) fand man 400 Tontafeln. Sie überliefern den Briefverkehr zwischen den Pharaonen und ihren Vasallen in Palästina. Gegen Ende der Bronzezeit fielen die Hethiter aus Kleinasien nach Palästina ein. Es kam zur Schlacht bei Kadesch am Orontes. Aber es gelang dem Pharao Ramses II. nicht, die Hethiter wirklich zu besiegen. Er schloß mit ihnen 1270 einen Friedensvertrag. Kadesch sollte „ewige Grenze" sein zwischen dem Herrschaftsbereich der Ägypter und dem der Hethiter. Doch schon um 1200 v. Chr. war die Vorherrschaft der Ägypter über Palästina endgültig gebrochen.

In Palästina bekämpften sich die einzelnen Stadtkönige gegenseitig. Ein jeder suchte sein Gebiet auf Kosten des anderen zu erweitern. Das Land war ohne starke politische Gewalt.

In diesem günstigen Augenblick wandern die Israeliten nach Palästina ein.

Arbeitsaufgabe:
Suche die in der Geschichtsleiste fehlenden Bilder auf dem Ausschneidebogen und klebe sie ein.
Male die verschiedenen Schraffuren und die dazugehörigen Pfeile in verschiedenen Farben an.

| 3000 | 2900 | 2800 | 2700 | 2600 | 2500 | 2400 | 2300 | 2200 | 2100 |

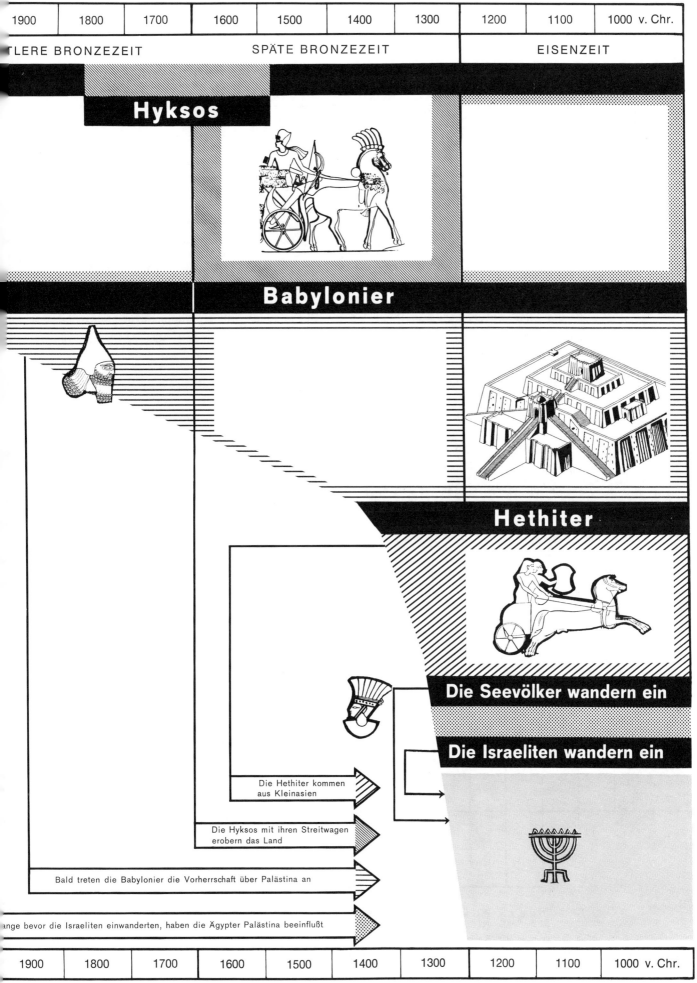

Arbeitsaufgaben:

1. In welchen Gegenden Palästinas findest du die meisten Städte?

   _____

   _____

2. Welchen Schluß kannst du daraus ziehen? Lies dazu Josua 17, 14—18.

   _____

   _____

3. In der Geschichtsleiste werden zwei Schriftformen gezeigt. Schreibe ihre Namen auf.

   _____

In der Spätbronzezeit wird in Phönizien die Buchstabenschrift erfunden. Ritzte man bisher die Keilschriftzeichen in Stein oder Tontafeln ein, so schreibt man seit 1100 vor Christus die Buchstaben mit Tinte auf Papyrus.

4. Warum ist die Erfindung der Buchstabenschrift von großer Bedeutung?

   _____

5. In Josua 24, 11 sind die Namen der Völker aufgezählt, mit denen Israel kämpfen mußte, als es in Palästina seßhaft wurde. Ein Völkername fehlt.
   Fülle die leeren Felder mit den Antworten auf die folgenden Fragen und du erhältst den Namen des Volkes im stark umrandeten Feld.

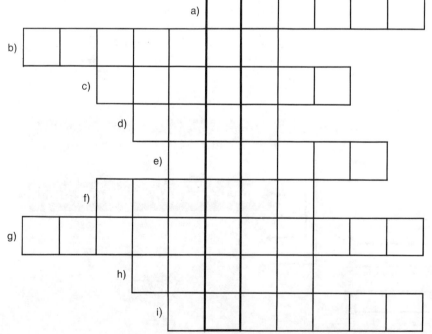

a) Wie nennt man die ägyptischen Könige?
b) Die älteste uns bekannte Stadt in Palästina.
c) Welche Gebiete Palästinas waren kaum bewohnt?
d) Wie nennt man einen Ruinenhügel?
e) Nenne einen wichtigen Stadtstaat, der den Durchgang zwischen zwei Bergen bewacht.
f) Wie nennen wir die Ritter, die um das 17. Jahrh. v. Chr. vom Norden her in Palästina einfielen?
g) Welche Waffengattung brachten sie mit?
h) Welches Tier wurde durch sie bekannt?
i) An welchem Fluß lag die Stadt, bei der Ramses II. gegen die Hethiter kämpfte?

6. Bestimme die Wohngegend und nenne die wichtigsten Städte der ....

   _____

3.5 Das Eindringen der Seevölker

Die ...., eines der sogenannten Seevölker, gelangten um 1200 v. Chr. im Zuge einer großen .... vom Norden her über die östliche Mittelmeerwelt nach .... und .... Auf Ochsenkarren zogen sie die Küsten entlang, auf .... fuhren sie von Insel zu Insel, bis sie schließlich in der Küstenebene .... Wohnung nahmen.

Philister

Lückenwörter:
Schiffen — Kleinasien — Völkerwanderung — Palästinas — Philister — Ägypten

Arbeitsaufgabe:
Setze die Lückenwörter an der richtigen Stelle ein.

Ramses III. vermochte die Seevölker abzuwehren und in die Küstenebene Palästinas zu verdrängen. Ägypten verlor aber zugleich seinen Einfluß auf Palästina.

Arbeitsaufgabe:
Schildere die Lage in Palästina gegen Ende des 13. Jahrhunderts vor Christus.

_____
_____
_____
_____
_____

Kampf der Seevölker mit den Ägyptern

4. DIE RELIGION DES LANDES

4.1 Die Entdeckung der alten Stadt Ugarit

An der Küste von Nordsyrien genau östlich der Ostspitze von Cypern wurde 1928 ein .... entdeckt, den die einheimischen Bauern Ras-schamra nannten. Das heißt .... nach dem Kraut, das auf ihm wächst. Seit jener Zeit wird dort unermüdlich ausgegraben. .... entdeckten die Forscher inzwischen. Die älteste reicht bis ins .... Die oberste Schicht stammt aus der Zeit zwischen 1500 und 1100 v. Chr. Unzählige beschriftete .... zeugen davon, daß die .... zu dieser Zeit in hoher Blüte stand. Die alte Stadt, die der Ruinenhügel barg, trägt den Namen .... Sie erlebte im 2. Jahrtausend vor Christus einen großen Aufschwung. Bequeme Häuser mit Wasserleitungen und .... wurden entdeckt. Von den verschiedenen .... die zur Stadt gehörten, war eine dem .... geweiht, das heißt auf deutsch .... Mit diesem Tempel verbunden fand man eine ...., die viele wertvolle Texte enthielt. So wissen wir über die ....des Landes, in das Israel später einwanderte, recht gut Bescheid.

Lückenwörter:

Bibliothek — Tell — vierte Jahrtausend — Ugarit — Fünf Schichten — Tontafeln — Fenchelhügel — Badezimmern — Kunst des Schreibens — Tempelanlagen — Religion — Baal — der Herr.

Arbeitsaufgabe:

Setze die Lückenwörter an der richtigen Stelle ein!

4.2 Die Götter Ugarits

Die Bilder auf den nächsten beiden Seiten zeigen dir die Götter, die in Ugarit verehrt wurden.

Arbeitsaufgabe:

1. Suche die Abbildungen der Götter auf dem Ausschneidebogen und klebe sie auf Seite 23 ein.
2. Wie sind die Götter dargestellt? Schreibe deine Beobachtungen auf!

Baal   Aschera

3. Schneide die dazugehörigen Textkärtchen aus und klebe sie richtig ein!

Baal

Aschera

Anat (siehe Abbildung Seite 24)

4.3 Wie Baal im Kult gefeiert wurde

In .... feierten die Bewohner des Landes, die meist .... waren, alljährlich den Gott Baal und seine Gemahlin. Von ihm erhofften sie sich den nötigen ...., von dem jede Fruchtbarkeit abhing. Über das ganze Land verstreut fanden sich ...., meist in der Nähe von alten .... oder auf den .... des Landes. Heilige .... zeigten den gottgeweihten Ort an. Oft goß man Wasser, Öl, Wein oder .... in den Boden. Damit glaubte man die .... des Feldes zu erhöhen. Während der .... lag das Land leergebrannt und ausgedörrt da. Baal, so glaubte man, sei gefangen in der .... Aber beim großen .... im Herbst saß er wieder auf seinem Thron. Mit heiligen Tänzen, taumelnd vor .... begrüßte ihn das Volk: .... Regen und Fruchtbarkeit waren wieder für ein Jahr gesichert. So stand dieser .... in engem Zusammenhang mit dem .... der Natur. Man verehrte in diesen Göttern die Kräfte des Wachstums und der .... Die .... suchten mit Zauberformeln und blutigen Opfern .... auf diese Naturkräfte zu gewinnen und sie in den .... der Menschen zu zwingen.

Lückenwörter:

Neujahrsfest – Sommermonate – Dienst – Natur – Unterwelt – Trunkenheit – Kult – Fruchtbarkeit – wilden Festen – Altäre – Bauern – Regen – Bäumen – Höhen – Blut von Opfertieren – Steine – Baal ist unser König, ist unser Richter, niemand ist über ihm – Einfluß – Kreislauf – Priester.

Arbeitsaufgabe:
Setze die Lückenwörter richtig ein!

4.4 Von den Göttern

Anat als Kriegsgöttin

Die Götter der Kanaanäer sind

an einen bestimmten Ort gebunden
an keinen bestimmten Ort gebunden

sie durften nicht bildlich dargestellt werden
sie wurden bildlich dargestellt

sie waren Götter der Fruchtbarkeit
sie kannten keine Götterehe

Priester konnten sie durch Zauber beeinflussen
sie entzogen sich jeder menschlichen Beeinflussung

Arbeitsaufgabe:
Unterstreiche die richtigen Antworten!

Das Bild zeigt Gegenstände aus einem kanaanitischen Göttertempel in Hazor nördlich des Sees Genezareth. Sie wurden im Jahre 1955 ausgegraben.

Arbeitsaufgabe:
Betrachte dies Bild genau und schreibe deine Beobachtungen auf. Kannst du einige Gegenstände deuten?

_____
_____
_____
_____
_____

Assyrische Opferszene

Uralte Bäume und heiliger Stein weisen auf ein altes Heiligtum bei Sichem.

Es war den kanaanäischen Göttern geweiht. Später haben die Israelstämme dort ihrem Gott gedient.

Suche die Abbildung eines heiligen Baumes (Terebinthe) auf dem Ausschneidebogen und klebe sie hier ein.

5. DIE ISRAELITEN KOMMEN INS LAND

5.1 Die aramäische Wanderung im 13. Jahrh. v. Chr.

Wir nennen den Vorgang, durch den die Vorfahren des Volkes Israel nach Palästina eindrangen, L a n d n a h m e (Fachausdruck). Diese nahm ihren Anfang etwa Mitte des 13. Jahrhunderts vor Christus. Damals bewegten sich große Sippenverbände aus dem Inneren der syrisch-arabischen Wüste nach .... Sie suchten .... und .... für ihre Herden. Wir nennen diese Völkerbewegung .... Zu den Sippenverbänden gehörten auch die Vorfahren des Volkes Israel. Ein Teil von ihnen wanderte bis zu den Grenzen des fruchtbaren .... Dort gerieten sie unter die Herrschaft der Ägypter und mußten .... leisten. Andere Teile hatten an einem heiligen Berg in der Wüste, dem Berg .... ein gewaltiges Gotteserlebnis. Davon erzählen uns noch die .... Sie sprechen vom ...., den Gott mit den Vorfahren des späteren Volkes Israel schloß.

Lückenwörter:
Zehn Gebote – Nildeltas – Westen – Bund – „aramäische Wanderung" – Sinai – fruchtbares Land – Frondienst – Wasser.

Hirten und Fischer aus Ur

Arbeitsaufgabe:

1. Setze die Lückenwörter ein!   2. Wodurch wurde die Landnahme begünstigt?

_____

_____

_____

3. Lies 5. Mose (= Deuteronomium) 26, 5. Diese Textstelle spricht von den Vätern des Volkes Israels. Nenne ihre Namen aus dem Gedächtnis!

_____

4. Was kannst du aus dieser Textstelle über die Herkunft, den Beruf und das Ergehen der Väter entnehmen?

_____

_____

Besondere Bedeutung für das Volk Israel erlangten die 10 Gebote. Das Volk Israel brachte sie mit dem Bundesschluß am Sinai in Verbindung. Wir lesen die 10 Gebote nach 2. Mose (= Exodus) 20, 1–17 und tragen ihren Inhalt in Kurzfassung ein.

1. Gebot _____

2. Gebot _____

3. Gebot _____

4. Gebot _____

5. Gebot _____

6. Gebot _____

7. Gebot _____

8. Gebot _____

9. Gebot _____

10. Gebot _____

Nomaden leisten Fronarbeit

5.2 Jahwe, der Gott Israels

Der Gott, der sich in den zehn Geboten den Vorfahren Israels vorstellt und mit ihnen einen Bund schließt, ist

an einen bestimmten Ort gebunden

an keinen bestimmten Ort gebunden,

denn _____

Er durfte bildlich dargestellt werden.

Er durfte nicht bildlich dargestellt werden,

denn _____

Er begegnete als der Unbekannte

Er stellte eine sichtbare Naturkraft dar,

denn _____

Es stand ihm eine weibliche Gottheit zur Seite

Er war ein einziger Gott,

denn _____

Die Priester durften mit seinem Namen nicht zaubern

Die Priester konnten mit seinem Namen zaubern,

denn _____

Arbeitsaufgabe:

1. Unterstreiche die richtigen Antworten und begründe sie!

2. Aus dem kleinen Katechismus Luthers stammt der Satz: „Wir sollen Gott über alle Dinge fürchten, lieben und vertrauen". Welches Gebot will Luther damit erklären?

_____

_____

3. Viele Menschen versuchen, sich Gott vorzustellen. Denke darüber nach!

_____

_____

_____

_____

Das Eindringen der Vorfahren Israels in das versprochene Land geschah (s. Seite 2, Abschnitt 1.2) durch Weidewechsel (Fachausdruck), wie das auch heute noch üblich ist, wenn Nomadenstämme in das bewohnte Land überwechseln.

Arbeitsaufgabe:
Suche die Bilder auf dem Ausschneidebogen und klebe sie ein.

5.3
Wir begleiten einen Sippenverband, der seßhaft wird

Die Nomaden finden während der Regenzeit in der Steppe genügend Weideplätze.

Unter der heißen Sommersonne wird alles dürr. Die Hungersnot vertreibt die Herden aus der Wüste.

Jetzt bieten nur noch die abgeernteten Felder im Talgrund des bewohnten Landes Nahrung.

Aus dem Glaubensbekenntnis Israels:
MEIN VATER WAR EIN ARAMÄER, DEM UMKOMMEN NAHE. 5. Mose (= Deuteronomium) 26. 5.

Die Nomaden werden ansässig

Aus einem alten Vertrag:
ES SOLL EIN EID ZWISCHEN UNS UND DIR SEIN, UND WIR WOLLEN EINEN BUND MIT DIR MACHEN.

1. Mose (= Genesis) 26, 28 b – 30

Arbeitsaufgaben:

1. Fertige eine Niederschrift nach der Bildgeschichte auf Seite 29 und 30. Wie ist die Landnahme vor sich gegangen?

2. Lies 1. Mose (= Genesis) 49, 14 und 15: Im Jakobssegen wird der Stamm Isaschar getadelt und verspottet, weil

Daraus kann man vermuten, wie dieser Stamm seßhaft wurde:

3. Lies im Neuen Testament Matthäus 8, 18—22 und Hebräer 13, 14 — Wie sprechen Christen von ihrem Land?

5.4 Eine kurze Zusammenfassung

Die Vorfahren Israels stießen bei ihrer .... im Lande Kanaan auf eine .... Bevölkerung, die in .... wohnte und mit Berufsheeren und .... ausgerüstet war. Sie war dadurch den Israeliten .... überlegen. Darum mußten die Israeliten zunächst in den unbewohnten .... ihre Wohnsitze aufschlagen, bis sie es wagen konnten, den Kampf mit den kanaanäischen .... aufzunehmen. Aber die Israeliten lebten von einer Kraft, die .... war als alle militärische Gewalt der Kanaanäer: Sie hatten Gott erfahren durch den Bund, den er mit ihnen schloß. Dieser Glaube an den Gott des .... stand in .... zum Götterglauben der Kanaanäer.

Lückenwörter:

vielgestaltige – Streitwagen – Gebirgsgegenden – radikalem Gegensatz – Landnahme – befestigten Städten – militärisch – Städten – Bundes – stärker.

Arbeitsaufgabe:

Setze die Lückenwörter an richtiger Stelle ein!